*Georgia Routsis Savas*

# DAS VENUS-ORAKEL

*Ebenfalls von Georgia Routsis Savas bei Ehrenwirth erschienen:*

DAS ORAKEL-BUCH

FINDE DIE ANTWORTEN AUF ALLE DEINE FRAGEN

*Georgia Routsis Savas*

# Das Venus-Orakel

## Finde die Antwort auf alle Herzensfragen

*Aus dem amerikanischen Englisch von Hilde Rosenkranz*

*Ehrenwirth*

Ehrenwirth
in der Verlagsgruppe Lübbe

Übersetzung aus dem amerikanischen Englisch von Hilde Rosenkranz
Titel der amerikanischen Originalausgabe:
The Oracle of Love. Answers to Questions of the Heart


Textredaktion: Anja Arendt
Innenillustrationen: JR Watson
Covergestaltung und Satz: Christina Krutz Design
Gesetzt aus der Mason, Bernhard Modern und MrsEaves
Druck und Einband: ...



Printed in Germany

ISBN 978-3-431-03735-7

5 4 3 2 1

Sie finden uns im Internet unter:
www.luebbe.de

# Einleitung

Die Liebe ist ein Thema, das die Menschheit seit Anbeginn der Zeit beschäftigt. Geschichtsbücher, Märchen und die hohe Literatur sind voll von romantischen und leidenschaftlichen Geschichten. Romeo sang aus Liebe für seine Julia, Heinrich VIII. folgte seinem wankelmütigen Herzen, und Rapunzel ließ für den Liebsten ihr goldenes Haar hinunter. Die Liebe ist eine Himmelsmacht, wie es in einem Lied heißt.

Ach, was tun wir nicht alles aus Liebe! In ihrem Namen wurden Kriege geführt, Könige haben auf den Thron verzichtet, um mit der Liebsten vereint zu sein – zweifellos haben Liebesglut und Leidenschaft immer wieder den Lauf der Geschichte verändert.

Doch die Liebe kann uns auch aufzehren. *Soll ich ihn wirklich heiraten? Ist sie die Richtige für mich? Ist mir mein Verlobter treu? Ist seine Leidenschaft ebenso groß wie meine?* Dies sind nur einige der Fragen, die jeder von uns sich irgendwann im Leben einmal stellt. Manche fragen Freunde oder

Eltern um Rat, andere suchen Hilfe bei Therapeuten oder Spiritisten, aber eines ist klar: Die Suche nach Antworten in Liebesfragen ist ein tief verwurzelter Teil unserer menschlichen Natur. Unsere Vorfahren haben viele verschiedene Wege ersonnen, um Antworten zu finden.

Die Chinesen entwickelten vor über 4.000 Jahren das »I Ching«, das Buch der Wandlungen, indem sie Schafgarbenstiele oder Münzen warfen und die Muster deuteten. Die alten Griechen befragten Orakel, Vermittler zwischen Göttern und Menschen, welche die Botschaft der Götter an die Sterblichen weitergaben. Andere deuteten Wolkenformationen, erstarrtes Kerzenwachs oder tierische Eingeweide, um Rat zu erlangen.

Eine der populärsten Formen der Weissagung ist die Bibliomantie, die Beantwortung einer Frage durch zufälliges Auswählen eines Wortes oder Satzes aus einem Buch, üblicherweise der Bibel. »Das Venus-Orakel« ist ein Instrument, mit dem Sie genau das tun können.

In diesem Buch finden Sie Antworten, die aus alten und modernen Weissagungstechniken abgeleitet wurden: wie z. B. aus der Befragung der Kristallkugel, dem magischen

Alphabet, der Edelsteinkunde, dem Tarot oder der Astrologie, dem Handlesen und der Zahlenmystik. Alle Antworten drehen sich nur um das Eine: die Liebe.

Natürlich gibt es Menschen, die über das Wahrsagen spotten. Die Wahrheit ist jedoch: Bei der Bibliomantie und anderen Formen der Weissagung geht es nicht wirklich darum, die Zukunft vorauszusagen. Es sind lediglich Mittel, die Ihnen helfen, die Antworten zu finden, die bereits tief in Ihnen verborgen liegen. Denn die Intuition ist eine heikle Sache. Manche Menschen haben ein sehr ausgeprägtes intuitives Gespür. Solche Menschen waren es, die instinktiv wussten, wo sie das fruchtbarste Land finden würden, um sich niederzulassen – oder die aus einer Ahnung heraus ein Schiff nicht betreten haben, weil es sein Ziel nie erreichen würde. Sollten Sie jedoch zu jenen gehören, die ihre Intuition nicht einmal dann vernehmen würden, wenn sie Sie beim Namen riefe, dann geben Sie die Hoffnung trotzdem nicht auf. So wie das hässliche Entlein zum Schwan wurde, können Sie Ihre Intuition (wieder-)gewinnen. Sie müssen nur drei Dinge tun: Öffnen Sie Ihren Geist, trainieren Sie Ihre mentalen Fähigkeiten, und nutzen Sie dieses Buch.

# So befragen Sie das Venus-Orakel

Die Grundidee ist einfach: Wer eine Frage stellt, bekommt eine Antwort. Sie halten alles, was nötig ist, um das Orakel der Liebe zu befragen, in Ihren Händen. Sie müssen keinen Zauberstab schwenken, auch nicht in das Gewand einer Wahrsagerin schlüpfen oder spezielle Beschwörungsformeln aufsagen. Alles, was Sie brauchen, sind ein paar Minuten Zeit und ein offener Geist.

Nehmen Sie das Buch in beide Hände, und atmen Sie tief durch. Befreien Sie sich von jeder Ablenkung, und konzentrieren Sie sich auf eine Frage zum Thema Liebe, die sich mit Ja oder Nein beantworten lässt.

Sobald eine Frage in Ihren Gedanken klar formuliert ist, wiederholen Sie diese einmal still oder laut. Dann fahren Sie mit dem Daumen über die Seitenränder des Buches. Wenn Sie das Gefühl haben, die richtige Stelle gefunden zu haben, öffnen Sie das Buch. Dort finden Sie die Antwort auf Ihre Frage.

Manchmal wird die Antwort klar und deutlich sein. Manchmal mag sie Ihnen jedoch verwirrend erscheinen. Eine unpräzise Frage oder unruhige Gedanken führen unweigerlich zu einer mehrdeutigen Antwort. Achten Sie deshalb darauf, wie Sie sich fühlen, wenn Sie die Frage formulieren! Je mehr Sie sich auf Ihre Intuition verlassen, desto präziser wird die Antwort – wie bei den meisten Fragestellungen. Und nun lassen Sie Ihren Fragen freien Lauf!

# Die Sterne

Die Sterne
stehen günstig:
Was du ersehnst,
wirst du *erlangen*.

Das

# Tarot

Du hast
die umgekehrte
Sternenkarte
gezogen:
*Selbstzweifel* halten
dich zurück.

Die

# Kristallkugel

Die Wahrsagerin sieht eine Feder:

Du wirst *mühelos* Erfolg haben.

# Die Edelsteine

Du hast den
Kristallquarz
gewählt:
Erkenne zuerst
dich *selbst*!

Magie der

# Zahlen

Du hast die Zahl
Vier gezogen:
Ja, aber nur durch
*harte Arbeit.*

Das magische

# Alphabet

Du hast den
Buchstaben W
gewählt:
Gehe der Sache auf
den Grund!

Die Kunst des

# Handlesens

# Die Handleserin sieht Neptun in der Lebenslinie: Mach dich auf die Reise!

Das

# Tarot

Die Herrscherkarte zeigt,
dass dein Schicksal
in der Hand
eines *anderen* liegt.

# Die
# Sterne

Aquarius,
der Wassermann,
ermutigt dich,
nach den *Sternen*
zu greifen.

Die

# Edelsteine

Du hast
den Bernstein
gewählt:
Die Sache wird
dir *gewaltige*
*Kopfschmerzen*
bereiten.

Magie der

# Zahlen

Du hast
die Zahl Sieben
gewählt:
Heute ist dein
*Glückstag*.

Das

# Tarot

Du hast
die Karte der
Gerechtigkeit
gezogen:
Wäge *alle Faktoren* ab,
und schreite dann
voran!

# Die Sterne

Der Skorpion
verkündet:
Es wird nicht leicht
sein, aber es
ist die *Mühe* wert.

# Die Edelsteine

Du hast
den Regenbogen-
jaspis gewählt:
Nur Mut!

Die Kunst des

# Handlesens

Die Handleserin
sieht eine
gerade Kopflinie:
*Sturheit* wird dich
in deiner Sache nicht
weiterbringen.

Das

# Tarot

Die Karten
sind nicht gründlich
gemischt:
Frage *später* noch
einmal!

Die

# Sterne

Der Neptun
*trübt* deine
Urteilskraft.

Magie der

# Zahlen

Die Zahl Eins
deutet auf einen *neuen*
Anfang hin.

DIE

# EDELSTEINE

Du hast den Topas
gewählt:
Deiner Ausstrahlung
ist schwer
zu *widerstehen*.

Die Kunst des

# Handlesens

Die Handleserin
sieht einen
feingliedrigen
Ringfinger:
Eindeutig Ja.

Magie der

# Zahlen

Du hast
die Zahl Acht
gewählt:
Du *kannst* nicht
verlieren!

Das

# Tarot

Du hast die
Karte des
Gehängten
gewählt:
*Opfer* werden
belohnt.

# Die Sterne

PLUTO, DER PLANET
DER TRANSFORMATION,
WARNT DICH:

*Löse Bindungen*, bevor es
zu spät ist!

Die

# Edelsteine

DU HAST
DEN MALACHITEN
GEWÄHLT:
Du musst *reisen*,
um dein Ziel zu
erreichen.

# Die
# Kristallkugel

Die Wahrsagerin
sieht das Bild
einer Schaufel:
*Widerstehe* dem Drang,
dich zu beklagen!

# Das magische Alphabet

DER BUCHSTABE S
SAGT GROSSE
VISIONÄRE KRAFT
VORAUS:
*Folge* deinem Traum!

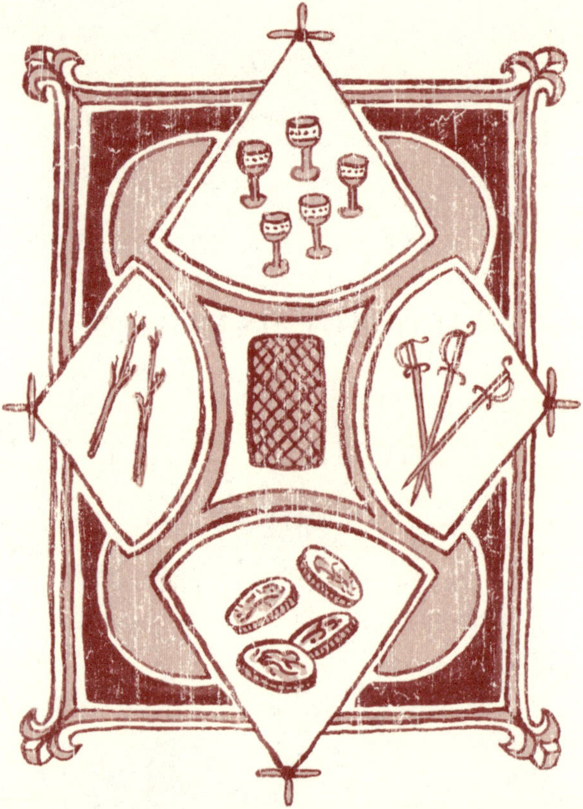

Das

# Tarot

Der Wagen
symbolisiert
den Sieg über
*Widrigkeiten*.

Die Kunst des

# Handlesens

Die Handleserin
sieht eine
leicht geschwungene
Herzlinie:
Vertraue deinem
*Instinkt*!

# Die Sterne

Der gütige Jupiter verheißt ein *überraschendes Ende.*

# Die
# Edelsteine

DU HAST DEN
OBSIDIAN GEWÄHLT:
Lass nicht zu, dass
*negative Gedanken* deine
Urteilskraft trüben!

# Das magische
# Alphabet

Du hast den
Buchstaben V
gewählt:
Der *Schlummer*
bringt die schönsten
Träume.

Magie der

# Zahlen

Die Zahl Fünf
ist ein
Symbol für die
Freiheit:
Lass es *bleiben*!

Die

# Edelsteine

DU HAST
DEN ZIRKON
GEWÄHLT:
Mach dir *keine*
*Illusionen*!

Die Kunst des

# Handlesens

Die Handleserin
sieht eine flache
Lebenslinie:
Nur, wenn du *nicht*
aufgibst.

Magie der

# Zahlen

Die Zahl Drei
verlangt,
dass du deine Gefühle
*offenbarst.*

Die Kunst des

# Handlesens

Die Handleserin
sieht eine
kurze, gerade
Herzlinie:
Es *wird* geschehen.

# Die
# Sterne

Mit
zunehmendem
Mond
*steigen* deine Erfolgs-
chancen.

# Die Kunst des Handlesens

Die
Handleserin
sieht einen
ebenmässigen
Venusberg:
Ein ausdrückliches
*Ja*.

# Das

# Tarot

Du hast die
Karte der
Hohepriesterin
gewählt:
Folge deiner
*Intuition*!

Die

# Sterne

DAS
STERNBILD DER
JUNGFRAU
drängt dich zum
*Verzicht.*

Die

# Kristallkugel

Die Kugel
zeigt
einen Bogen:
Entgegen
der allgemeinen
Meinung ist
die Antwort *Ja*.

Die

# Edelsteine

Du hast
den Diamanten
gewählt:
Wahrscheinlich
ist es *nicht*
der Mühe wert.

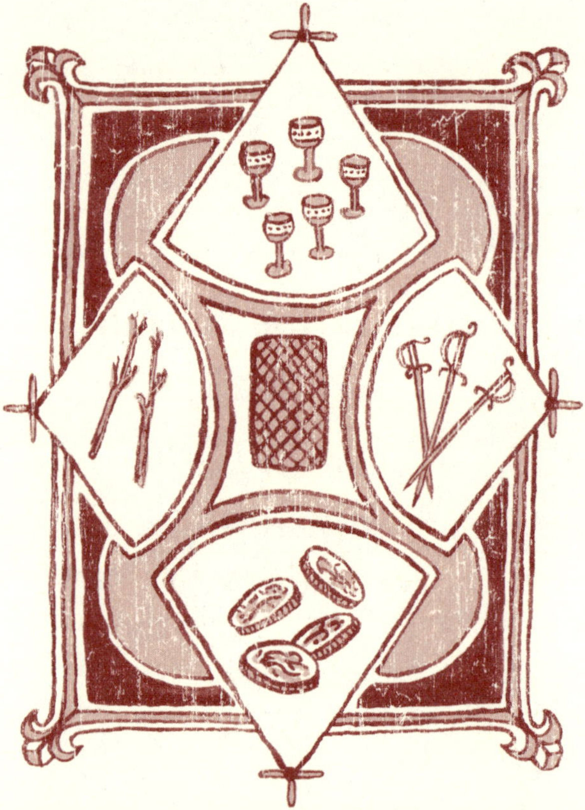

Das

# Tarot

Die
Eremitenkarte
sagt:
Lege nicht *gleich*
alle deine
Karten auf den
Tisch!

## Die Kunst des

# Handlesens

Die Handleserin
sieht eine
analytische Hand:
*Rede darüber,*
bevor du eine
Entscheidung triffst!

# Magie der
# Zahlen

Die Zahl Sechs
fragt dich:
Bist du sicher, dass
du es aus den
*richtigen Gründen*
tust?

# Die Sterne

DER MARS
spricht von einer
Hassliebe,
die den Ärger
wahrscheinlich
*nicht* wert ist.

Die

# Edelsteine

Du hast den
Achat gewählt:
Lass dich *treiben*!

Das magische

# Alphabet

DER
BUCHSTABE H
legt einen
*Tapetenwechsel*
nahe.

Die

# Edelsteine

DU HAST
DEN AMETHYSTEN
GEWÄHLT:
Du wirst dich
vielleicht deswegen
*schuldig* fühlen.

Magie der

# Zahlen

Die Zahl Drei
drängt dich,
unbeirrt deinen Weg
fortzusetzen.

# Das magische
# Alphabet

DER BUCHSTABE A
warnt dich davor,
der Eifersucht *freien*
*Lauf* zu lassen.

Das

# Tarot

DU HAST DIE
KARTE DES
MAGIERS GEZOGEN:
Du wirst mit
Leichtigkeit erreichen,
was du willst.

Die Kunst des

# Handlesens

Die Handleserin
sieht einen Baum in
der Handfläche:
Du wirst immer
*glücklich* sein.

# Magie der Zahlen

Die Zahl Sechs
rät dir,
Alternativen zu
erwägen.

# Die Sterne

Das Sternbild der
Fische fragt:
Musst du *wirklich* das
Sagen haben?
Wenn nicht, tritt
beiseite.

# Die
# Edelsteine

Du hast
den Hämatiten
gewählt:
Es wird deine
Erwartungen
*übertreffen*.

# Magie der

# Zahlen

DU HAST
DIE ZAHL NEUN
GEZOGEN:
Du bist deinem
Verlangen
*entwachsen*.

# Die Kunst des Handlesens

Die Handleserin
sieht einen
langen Mittelfinger:
Spiele *ein Spiel*,
und sieh, was passiert!

# Das magische Alphabet

Du hast
den Buchstaben I
gezogen:
Hör auf, darüber *zu reden*,
und lass es
Wirklichkeit werden!

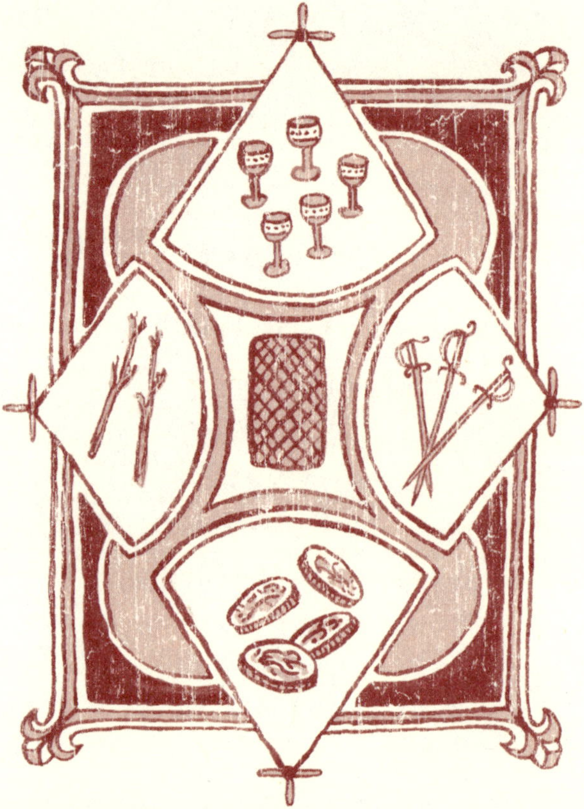

Das

# Tarot

Du hast die
Karte des Todes
gezogen:
Ein *Neuanfang*
steht bevor.

Die

# Sterne

DU HAST
DEN WIDDER
GEZOGEN:
Ja, aber du wirst
dafür *kämpfen*
müssen.

Magie der

# Zahlen

DIE ZAHL FÜNF
weist auf
*Konsequenzen* hin.

Das

# Tarot

DER PAGE
DER KELCHE
SAGT DIR:
Erwarte jeden
Augenblick *gute*
*Nachrichten*!

Die

# Edelsteine

Du hast
den Heliotrop
gewählt:
Ja, aber man
wird dich deswegen
*beneiden*.

Die Kunst des

# Handlesens

Die
Handleserin
sieht eine
versinkende
Ehelinie:
Ja, aber es wird
nicht *halten*.

Die

# Kristallkugel

Die Kugel zeigt
einen Stern:
Das Glück ist auf
*deiner Seite.*

Das magische

# Alphabet

DU HAST DAS T GEWÄHLT:
Hüte dich vor
*Langweile*,
sobald du hast,
was du willst!

Das

# Tarot

Du hast
das Rad des
Schicksals
gezogen:
Deine Lage wird
sich dramatisch
verändern.

# Die
# Sterne

DU HAST
DIE VENUS
GEWÄHLT:
Du *kannst* nicht
verlieren.

# Die Kristallkugel

DAS BILD IN
DER KRISTALLKUGEL IST
VERDUNKELT:
Ein *anderer* wird das
letzte Wort haben.

# Magie der Zahlen

Die Zahl Elf
sagt dir,
dass es *bereits*
geschieht.

Das magische

# Alphabet

Jemand, dessen
Name mit L beginnt,
glaubt an dich.

# Die
# Edelsteine

Du hast
den Opal gewählt:
Die Antwort
könnte dich *erröten*
lassen.

# Die Kunst des Handlesens

Die Handleserin
sieht eine
unregelmässige
Sonnenlinie:
Ein *Rückschlag* ist
wahrscheinlich.

Die

# Kristallkugel

DAS BILD IN DER
KUGEL IST
VERSCHWOMMEN:
Jemand ist
sich seiner *Wünsche*
nicht sicher.

# Magie der Zahlen

DU HAST
DIE ZAHL VIER
GEZOGEN:
Du wirst eine
*Überraschung*
erleben.

Die Kunst des

# Handlesens

Die Handleserin sieht eine rezeptive Hand: Lass dich nicht von der Ausstrahlung eines anderen *blenden*!

# Die Sterne

Die Waage,
das Symbol der
Gerechtigkeit,
rät dir, jemandem
eine *zweite Chance*
zu geben.

Das

# Tarot

Das Ass
der Münzen sagt:
Lass nicht zu,
dass man sich deine
Liebe *erkauft*.

Magie der

# Zahlen

DIE ZAHL FÜNF
verheißt ein
gutes Ergebnis,
das dein Leben
*verändern* wird.

Das magische

# Alphabet

Die Initiale C
empfiehlt dir,
dich zunächst um
die *praktischen* Dinge
zu kümmern.

# Die Kristallkugel

Das Bild
in der Kugel ist
verschleiert:
*Formuliere* die Frage
anders!

## Die Kunst des
# Handlesens

Die
Handleserin
sieht einen
kurzen Ringfinger:
Geh die Sache
*anders* an!

Die Kunst des

# Handlesens

Die
Handleserin
sieht den
Pfeil der Diana:
Es ist *zu früh*,
um Gewissheit zu
haben.

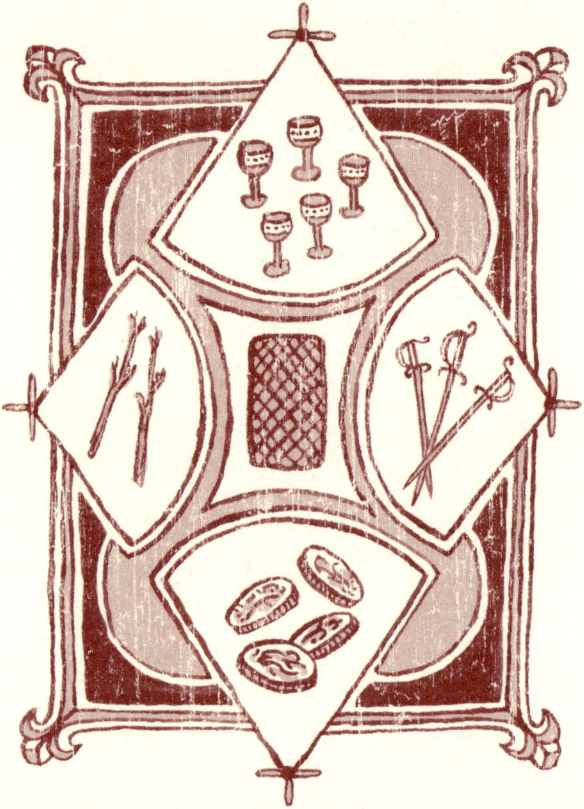

Das

# Tarot

Du hast
den König der
Schwerter
gezogen:
Wirf deine *Bedenken*
über Bord!

# Die
# Sterne

Der Schütze
mit seinem Bogen
weist auf ein
verheißungsvolles
Ende hin.

Die

# Kristallkugel

Die Kugel zeigt
einen Adler:
ein ausdrückliches Ja!

# Die Edelsteine

Du hast die
Jade gewählt:
Wie könnte da
jemand *widerstehen*?

Das magische

# Alphabet

DU HAST
DAS K GEWÄHLT:
nur durch
*Zurückhaltung.*

# Die Sterne

Der Löwe
besagt:
Es ist eine *sichere*
Sache.

Das

# Tarot

DU HAST DIE
ACHT DER
SCHWERTER
GEZOGEN:
Dulde keine
*Eifersüchteleien*!

Die Kunst des

# Handlesens

Die Handleserin
findet keine
Schicksalslinie:
Es gibt *mehr*
*als eine Antwort* auf
deine Frage.

# Die Kristallkugel

Die Kugel zeigt
eine Schlange:
Ein *Gegner* steht deinem
Glück im Wege.

# Die Edelsteine

Du hast
den Mondstein
gewählt:
Du wirst *nichts*
bereuen.

Das magische

# Alphabet

Der Buchstabe P
rät dir,
*praktisch* an die Sache
heranzugehen.

Die

# Sterne

Neptun, der
Planet der Illusion,
sagt dir:
Die Dinge sind *nicht* so,
wie sie scheinen.

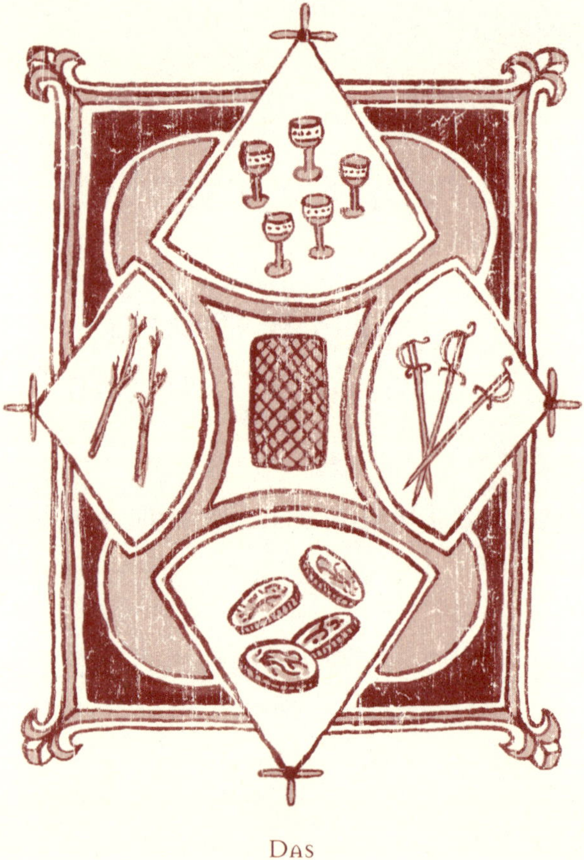

Das

# Tarot

Du hast
die Drei der
Kelche gezogen:
Freue dich, denn
du wirst *aufrichtig
geliebt*.

Die

# Kristallkugel

DIE KUGEL ZEIGT
DAS BILD
EINER PERSERKATZE:
*Vertraue* auf
den Rat von jemandem,
der dir nahesteht.

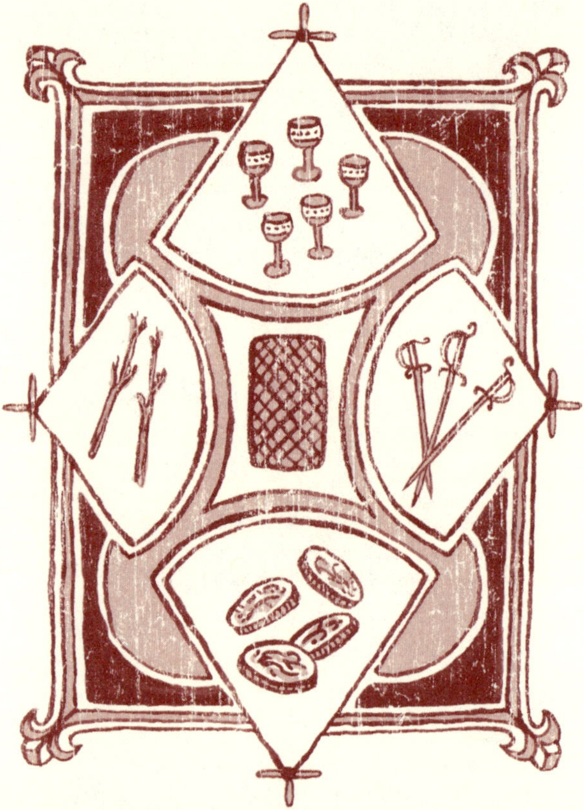

Das

# Tarot

DU HAST DIE
FÜNF DER STÄBE
GEZOGEN:
Ein *Umbruch* ist
unumgänglich.

Das magische

# Alphabet

Du hast
den Buchstaben F
gewählt:
Es wird Zeit, den Stolz
zu überwinden.

# Die Kristallkugel

# Die Wahrsagerin sieht eine Trommel:

Die Leute *reden*
schon darüber.

Die Kunst des

# Handlesens

Die Handleserin
sieht einen schwachen
Apolloberg:

Übe keinen *Druck* aus!

# Die Sterne

Das Sternzeichen
der Zwillinge
warnt dich:
Achte auf das, was *nicht*
gesagt wird!

Das

# Tarot

Deine Karte
ist die des
Hohepriesters:
Erwarte das
*Unerwartete*.

# Die Edelsteine

Du hast
den Lapislazuli
gewählt:
Die Antwort ist ein
aufrichtiges *Ja*.

Das magische

# Alphabet

Du hast den
Buchstaben X
gewählt:
ein eindeutiges *Ja*.

Die

# Edelsteine

Du hast den
grünen Turmalin
gewählt:
Lerne das zu schätzen,
was du *hast*!

Die Kunst des

# Handlesens

DIE HANDLESERIN
SIEHT EINE KURZE
KOPFLINIE:
Du kannst es nicht
*verhindern.*

# Die Sterne

Das Licht
des Mondes
wird deinen Pfad
hell *erleuchten*.

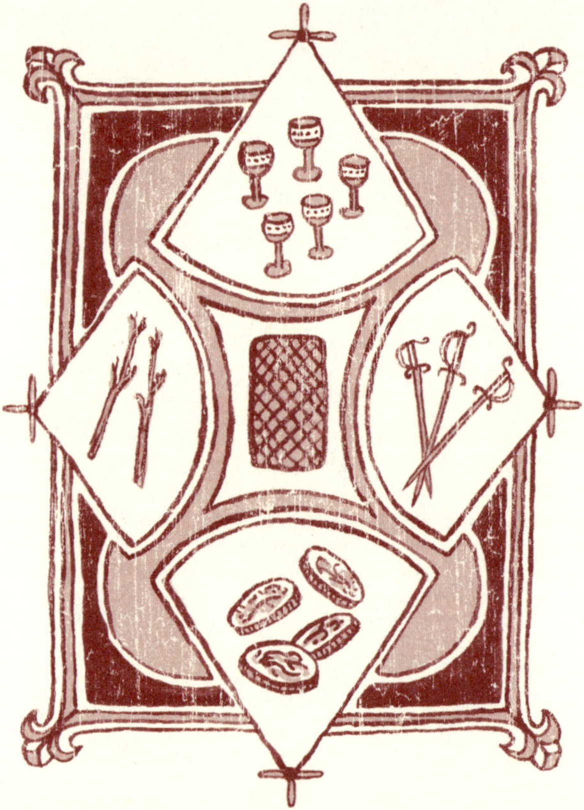

Das

# Tarot

Du hast
die Karte der
Liebenden
gezogen:
*So* soll es sein!

# Die Kristallkugel

Die Wahrsagerin
sieht die
Form einer Eichel:
Überlasse jemand
*anderem* die Initiative!

# Magie der Zahlen

Du hast
die Zahl Sieben
gezogen:
Deine Absichten werden
*missverstanden.*

# Die Kristallkugel

Die Wahrsagerin sieht das Bild eines Hengstes:
*Liebe* liegt in der Luft.

Die

# Edelsteine

DER EDELSTEIN,
DEN DU GEWÄHLT HAST,
IST DER TÜRKIS:
Ja, und es wird dir *Frieden*
bringen.

Das magische

# Alphabet

Du hast den
Buchstaben Q
gewählt:
Ja, aber es geht *keinen*
etwas an.

# Die Kunst des Handlesens

Die Handleserin sieht einen langen kleinen Finger:

Bist du wirklich *so* naiv?

Die

# Kristallkugel

Das Bild
in der Kugel ist
ein Schloss:
Bitte ein *Familien-
mitglied* um Rat!

# Das magische Alphabet

Du hast
den Buchstaben S
gewählt:
Kannst du dir morgens
im Spiegel in
die *Augen* sehen?

# Die
# Sterne

MERKUR, DER REDNER,
ermutigt dich,
dir mit *Worten* den Weg
zu bahnen.

Das magische

# Alphabet

Jemand, dessen
Name mit B beginnt,
steht dir im Weg.

Das magische

# Alphabet

Es ist

tatsächlich so,

aber nur, wenn du

dem Rat von jemandem

*folgst*, dessen Name

mit T beginnt.

Die

# Edelsteine

Der Stein
deiner Wahl ist
ein Granat:
Ja, und es wird dein
*Selbstwertgefühl*
stärken.

# Die Kristallkugel

Das Bild in
der Kristallkugel
ist klar
und deutlich:
Du wirst es bis
zu deinem letzten
Atemzug *bereuen*.

# Magie der Zahlen

Die Zahl Zwei
ist eine Aufforderung,
die Situation durch
die Augen eines *anderen*
zu sehen.

# Das Tarot

DU HAST DEN
TURM GEZOGEN:
Ungebührliches
Verhalten kann zum
*Untergang* führen.

Die

# Edelsteine

Du hast den Sodalithen gewählt: Möglicherweise *wurde bereits* eine Entscheidung getroffen.

Das magische

# Alphabet

Der Buchstabe
deiner Wahl
ist das O:
*Selbstsucht* führt
zur Niederlage.

# Die
# Kristallkugel

Die Wahrsagerin
sieht einen Helm:
Gib jetzt nicht auf!

Magie der

# Zahlen

Du hast
die Zahl Acht
gewählt:
Ja, und es wird
dich glücklicher
machen.

Die Kunst des

# Handlesens

Die Handleserin
sieht eine
quadratische Hand:
Wenn es jemand
schafft, dann *du*!

Das magische

# Alphabet

Du hast den
Buchstaben P
gewählt:
Folge deinem
*Herzen*!

Die

# Sterne

Die Nachricht
von Taurus,
dem Stier, ist
deutlich:
Setze dich durch!

Das magische

# Alphabet

Du hast den
Buchstaben N
gewählt:
Konzentriere dich
lieber auf das
*Hier und Jetzt*!

# Die
# Kristallkugel

# Die Wahrsagerin sieht einen Grashüpfer:

Ein Ja, das von *Herzen* kommt.

Magie der

# Zahlen

Die Zahl Eins
deutet an,
dass du *kreativ*
sein musst.

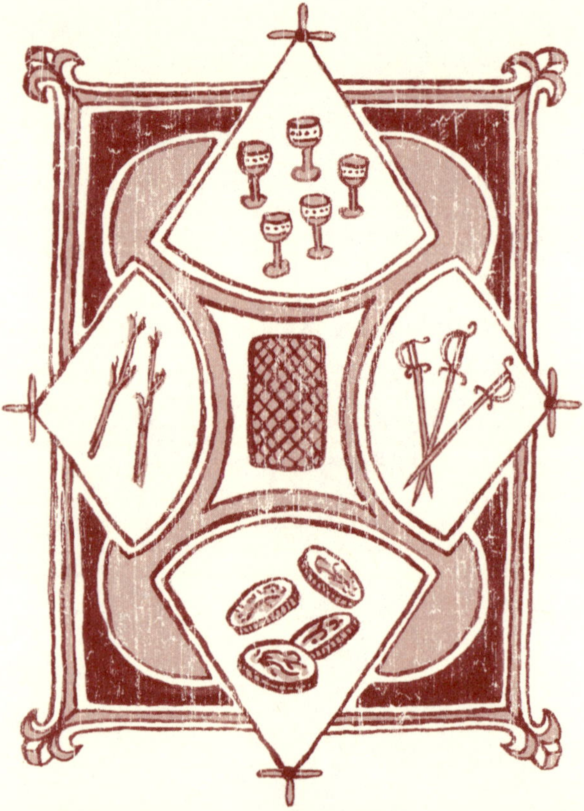

Das

# Tarot

Du hast die
Karte des Gerichts
gezogen:
Was geschehen soll,
*wird* geschehen.

# Die Kristallkugel

Die Wahrsagerin sieht das Bild eines Zebras:
Ja, und es wird ein wahres *Abenteuer* sein.

Die

# Sterne

Das Sternbild des
Widders sagt dir,
dass nur *du* allein es
schaffen kannst.

Das magische

# Alphabet

Der Buchstabe
deiner Wahl
ist das L:
Ja, wenn du es
*unbedingt* willst.

# Das magische Alphabet

Ein Fremder,
dessen Name mit
R beginnt,
könnte dein Leben
verändern.

Magie der

# Zahlen

Die Zahl
Zweiundzwanzig
deutet an,
dass du *finden* wirst,
was du suchst.

Die

# Kristallkugel

Die Wahrsagerin
sieht die Form
eines Messers:
Schließe eine Tür,
bevor du die *nächste*
öffnest!

Das

# Tarot

Du hast die
Sonne gezogen:
Lebe für
den *Augenblick*!

# Magie der Zahlen

Die
Zahl Acht
rät dir,
dich vor *negativen*
Schwingungen
zu hüten.

# Die Kristallkugel

Die
Kristallkugel
zeigt eine
Bulldogge:
Bleib am Ball!

## Die Kunst des

# Handlesens

Die Handleserin
sieht eine gespaltene
Schicksalslinie:
Vermutlich wird es sich *nicht*
zum Besten wenden.

# Magie der
# Zahlen

Die Zahl
Drei rät dir,
deinen Ahnungen
zu folgen, ganz
gleich was andere
sagen.

# Die Kunst des Handlesens

Die Handleserin
sieht eine lange
Herzlinie:
*Mehr* als du je erahnen
kannst.

Das

# Tarot

Du hast
die Karte der
Herrscherin
gezogen:
Eine ältere Frau
wird versuchen,
dir zu helfen.

Das magische

# Alphabet

FRAGE JEMANDEN,
dessen Name mit E
beginnt, um Rat!

Die Kunst des

# Handlesens

Die Handleserin
sieht eine Gabelung
der Kopflinie:
Mit Überredungskunst
kannst du es schaffen.

Die

# Edelsteine

Der Edelstein
deiner Wahl ist
der Smaragd:
Lasse keine *Zweifel* zu!

Magie der

# Zahlen

Die Zahl Zwei
verkündet einen *Anruf*,
der dir die Antwort
bringt.

# Die Sterne

Der Vollmond
wirft einen Schatten.

Die Kunst des

# Handlesens

Die Handleserin
erkennt einen langen
kleinen Finger:
Du musst *improvisieren*.

# Die Kristallkugel

Es ist
KRISTALLKLAR:
Es gibt
keinen Zweifel
daran!

Die

# Edelsteine

Du hast den
schwarzen Onyx
gewählt:
Es wird dir nichts als
*Kummer* bringen.

# Die Kristallkugel

Die Wahrsagerin
sieht das Bild
einer Harke:
Du wirst *bekommen*.

Magie der

# Zahlen

Die Zahl Neun
bedeutet
Barmherzigkeit:
Lass dir *helfen*!

## Die Kunst des

# Handlesens

Die Hand-
leserin sieht sieben
Kindeslinien:
Du wirst die
Antwort in *einer Woche*
bekommen.

Magie der

# Zahlen

Die Zahl
Zweiundzwanzig
drängt dich,
erst die *Fakten* zu sammeln,
bevor du handelst.

Das magische

# Alphabet

Jemand,
dessen Name mit
D beginnt,
*kann* sich nicht aus
der Sache
heraushalten.

# Die Kristallkugel

Die Kristallkugel zeigt eine Birne:

Eine *Romanze* steht vor der Tür.

Das magische

# Alphabet

Du hast den
Buchstaben G
gewählt:
Geh es nicht
*allein* an!

Die

# Edelsteine

Der Edelstein
deiner Wahl ist
der Rubin:
Es zu tun, wird dein
Leben *verändern*.

Magie der

# Zahlen

Die Zahl Neun
rät dir,
*zunächst* schlechte
Gewohnheiten
abzulegen.

Das magische

# Alphabet

DU HAST DEN BUCHSTABEN I GEWÄHLT:

Deine *Intuition* trifft den Nagel auf den Kopf.

Die Kunst des

# Handlesens

Die Handleserin
sieht einen knochigen
Jupiterberg:
Erfolg ist *unwahrscheinlich*.

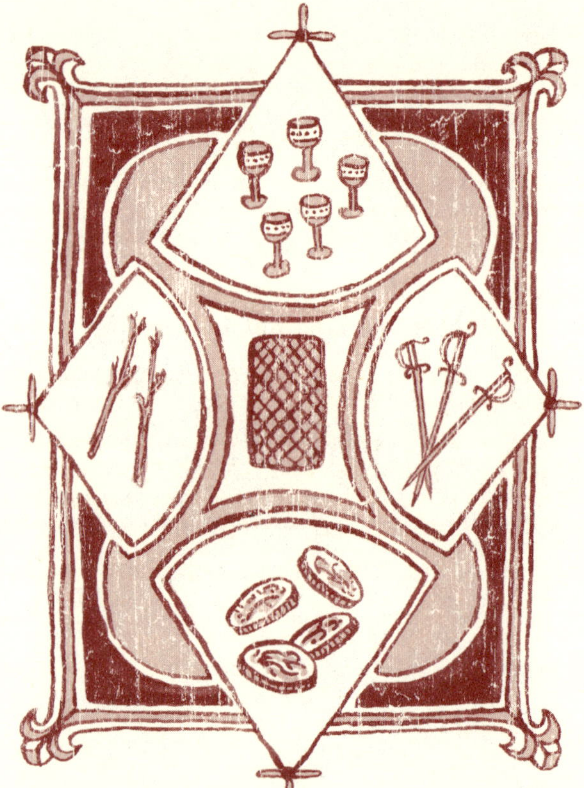

Das

# Tarot

Die Teufelskarte bedeutet,
dass jemand *gegen*
dich arbeitet.

Die

# Edelsteine

Du hast
die rote Koralle
gewählt:
Es wird eine
*anregende Erfahrung*
werden.

# Die Sterne

DER LÖWE
VERSUCHT ZU SIEGEN:
Nur du kannst
entscheiden, ob es den
Kampf *wert* ist.

Das magische

# Alphabet

Du hast
das M gewählt:
Riskier es nicht!

Die Kunst des

# Handlesens

Die Handleserin
sieht einen
kurzen Daumen:
Nur unter großen
*Schwierigkeiten.*

# Die Kristallkugel

# Die Kristallkugel sieht einen Schlüsselring:

Bist du sicher,
dass du das *wirklich*
willst?

Die Kunst des

# Handlesens

Die Handleserin
sieht einen
Napoleonfinger:
Du kannst
die Antwort nicht
*erzwingen*.

Das magische

# Alphabet

DER BUCHSTABE G
verspricht *erotische*
Abenteuer.

Die

# Edelsteine

Du hast den
Zitrin gewählt:
Ja! Und es wird
dir große *Freude*
schenken.

# Die Kunst des Handlesens

Eine
lange, gebogene
Kopflinie ist
deutlich sichtbar:
Die Handleserin
empfiehlt dir, in die
Vergangenheit zu schauen,
um die Antwort
zu finden.

# Die Kristallkugel

Die Kristall-
kugel zeigt ein
Spinnennetz:
Sorgfältige *Planung*
zahlt sich aus.

Die

# Edelsteine

Du hast den
Karneol gewählt:
Nur, wenn du
dir deinen Sinn für
Humor *bewahrst*.

Das magische

# Alphabet

JEMAND, DESSEN
NAME MIT D BEGINNT,
weiß *mehr* über die Sache,
als du denkst.

# Die

# Sterne

DU HAST
DEN MOND GEWÄHLT:
Schlaf *eine Nacht*
darüber, und frag dann
noch einmal.

Die Kunst des

# Handlesens

Die Handleserin
sieht einen hohen
Jupiterberg:
Eine *einflussreiche Person*
steht dir im Weg.

# Magie der

# Zahlen

DIE ZAHL
ZWEI VERLANGT
GEDULD:
Warte noch ein
Weilchen!

# Das Tarot

Der Narr
symbolisiert:
*Alles* ist möglich.

# Die Kristallkugel

DIE WAHRSAGERIN
SIEHT DIE FORM
EINER PYRAMIDE:
Im Laufe der Zeit
wird *vieles* ans Licht
kommen.

# Die Sterne

DIE ZEICHEN DES WASSERS SAGEN DIR:
*Handle*, solange du noch die Energie und das Verlangen dazu hast!

Das

# Tarot

Die Karten
liegen verstreut:
Du fragst nach
dem *Unmöglichen*.

# Die Kunst des Handlesens

# Die Handleserin sieht den Ring der Familie:

Ja, ja und nochmals ja!

# Die
# Edelsteine

Du hast
die Perle gewählt:
Eine ältere Frau
kann dir zur Erkenntnis
verhelfen.

# Die

# Sterne

DAS ZEICHEN DES
KREBSES PROPHEZEIT:
Du wirst gewinnen,
wenn du deine Absichten
nicht *verrätst*.

# Magie der Zahlen

Die Zahl
Vier bedeutet:
Du wirst die
*Konsequenzen* deines
Handelns tragen
müssen.

Die

# Kristallkugel

Die Kugel
zeigt das Bild
einer Henne:
*Häusliches Glück*
ist dir sicher.

Die

# Edelsteine

DAS TIGERAUGE
IST DER STEIN
DEINER WAHL:
Handle ohne *Reue*!

Das magische

# Alphabet

Du hast den
Buchstaben Y
gewählt:
Ein *Missverständnis*
bringt Licht in
die Angelegenheit.

# Die Sterne

Das Zeichen des Wassermannes verspricht einen neuen *Anfang*.

## Magie der

# Zahlen

# Die Zahl Fünf

zeigt ein starkes Verlangen
nach *Abwechslung*.

# Die Sterne

Eine verheissungsvolle
Konstellation
von Venus und Mars
kündigt einen *Sieg* an.

Das

# Tarot

Du hast die
Karte der Kraft
gezogen:
Hab keine Angst vor
der Zukunft!

Die Kunst des

# Handlesens

Die Handleserin
sieht einen
langen Ringfinger:
Jemand wird dich
*verführen*.

# Die Edelsteine

DU HAST DEN
SAPHIR GEWÄHLT:
Hör auf, *dich selbst*
zu belügen!

Die

# Sterne

DIE JUNGFRAU RÄT DIR,
den Weg des *geringsten*
Widerstandes zu gehen.

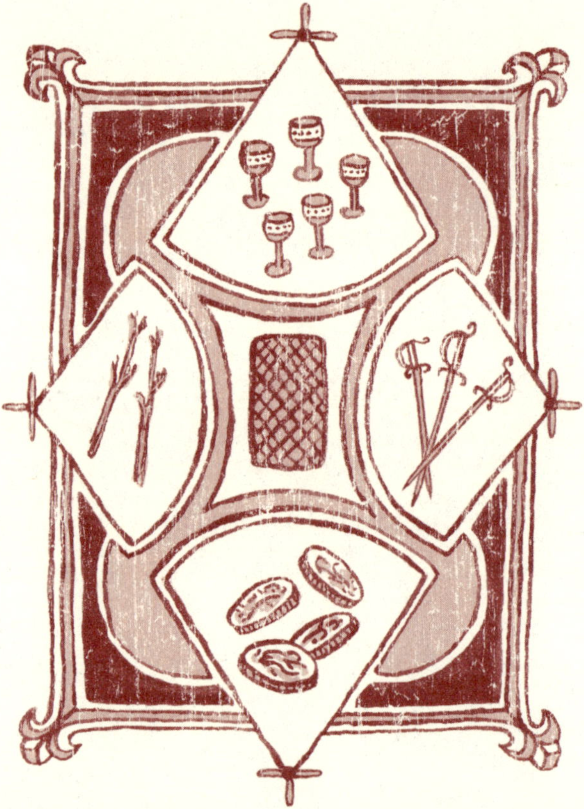

Das

# Tarot

Du hast
die Weltenkarte
gezogen:
Ein Zyklus geht
zu Ende, ein neuer
kann *beginnen*.

Das magische

# Alphabet

Jemand,
dessen Name mit A
beginnt,
wird in deiner Antwort
auftauchen.

Magie der

# Zahlen

Die Zahl Elf
warnt dich vor
materialistischem
Denken:
*Brauchst* du es
wirklich?

Die Kunst des

# Handlesens

Die
Handleserin
sieht parallele
Liebeslinien:
Du kannst nicht
*alles* haben.

# Die Sterne

DER STEINBOCK

garantiert

ein *vorhersehbares*

Ergebnis.

Die

# Edelsteine

Der Stein
deiner Wahl ist
der Peridot:
Nur wenn es dir egal ist,
was *andere* denken.

MAGIE DER

# ZAHLEN

Die Zahl
Zweiundzwanzig
deutet an,
dass alles auf dich
zurückfällt.

Die Kunst des

# Handlesens

Die
Handleserin
sieht eine
ausgefranste
Lebenslinie:
Jemand steht dir
im Weg.

Die

# Sterne

DIE STERNE
deuten auf
ein tragisches
Ende hin.

Das magische

# Alphabet

JEMAND,
DESSEN NAME MIT
M BEGINNT,
nimmt zu viel *Einfluss*
auf eine bestimmte
Person.

# Magie der Zahlen

Die Zahl Eins
drängt dich,
zur Abwechslung
einmal an *andere*
zu denken.

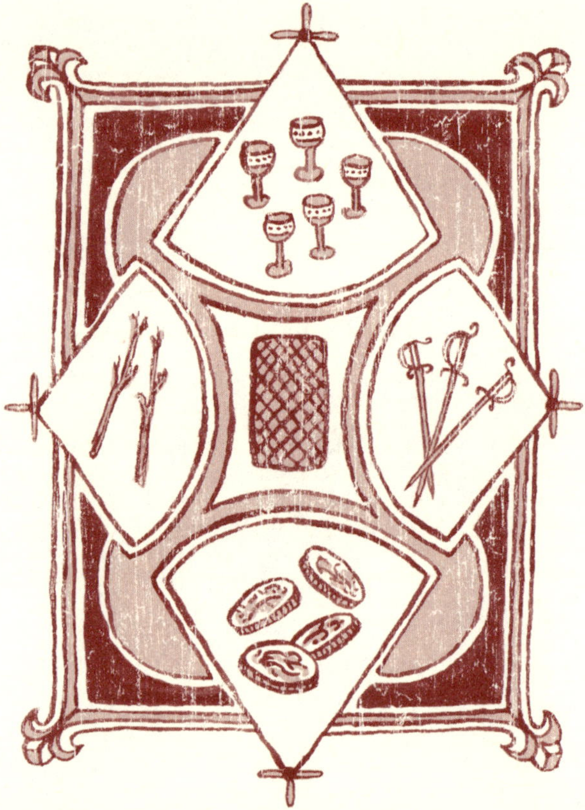

Das

# Tarot

Du hast
die Karte der
Mässigkeit gezogen:
Entscheide dich
zwischen zu viel und
zu wenig!

Die

# Sterne

DAS ZEICHEN
DER WAAGE
SAGT DIR:
Wer nicht wagt,
der *nicht* gewinnt.

Die

# Edelsteine

Du hast
den Aquamarin
gewählt:
Denk *positiv*, und es
wird geschehen!

Die Kunst des

# Handlesens

DIE HANDLESERIN
SIEHT EINEN
KURZEN KLEINEN
FINGER:
Schau *hinter* die
Kulissen!

# Die
# Sterne

Der Wassermann
warnt dich:
Überleg dir gut, *was* du
dir wünschst!

# Danksagung

Viel guter Rat, harte Arbeit und Inspiration waren nötig, um aus dem ersten Konzept dieses Buch zu machen. Amanda Murray, meiner Traumlektorin bei Simon & Schuster, ist es zu verdanken, dass es schließlich Wirklichkeit geworden ist. Annie Orr verdient ein besonderes Dankeschön – sie sorgte dafür, dass dieses Projekt reibungslos ablief. Der »Hansdampf in allen Gassen«, der meisterhafte JR Watson, schuf nicht nur die wunderbaren Illustrationen dieses Buches, ihm verdanken wir, dass dieses Baby laufen lernte. Dave Andrus verdient eine Auszeichnung, weil er unsere gekritzelten Entwürfe für die Illustrationen in bezaubernde Vorlagen verwandelte. Lori Westerwelt und Claire Braxton bei Quarter Moon erhalten die höchste Punktzahl für ihre Flexibilität. Savannah wird jede Menge Kekse dafür bekommen, dass sie mir bei der Arbeit Beistand geleistet hat.

Und mein Ehemann Damon verdient haufenweise Orden, weil er dafür sorgt, dass mein Leben in sanften Bahnen verläuft, egal was passiert.

# Die Autorin

Georgia Routsis Savas hat sich Zeit ihres Lebens mit Wahrsagen und Astrologie beschäftigt. Fast zehn Jahre lang schrieb sie die beliebte monatliche Horoskopkolumne für die Zeitschrift *InStyle*, verfasste Horoskopseiten für verschiedene amerikanische Magazine wie *Child*, *Seventeen*, *New York Daily*, *News Sunday Magazine* und *Sassy*.

»Das Orakelbuch: Finde die Antwort auf all deine Fragen«, das 2003 bei Ehrenwirth erschien, war ein internationaler Erfolg und wurde in zwölf Sprachen übersetzt.

Die Autorin wuchs in New Jersey auf und betrachtet heute den Sternenhimmel von ihrem Haus auf einer Insel in North Carolina aus. Weitere Informationen finden Sie unter www.georgiaroutsissavas.com